Ce qu'un chrétien peut faire et ce qu'il ne peut pas faire

Léon Tolstoï

Stock, Paris, 1912

© 2024, Léon Tolstoï (domaine public)
Édition : BoD • Books on Demand GmbH, In de
Tarpen 42, 22848 Norderstedt (Allemagne)
Impression : Libri Plureos GmbH, Friedensallee 273,
22763 Hamburg (Allemagne)
ISBN : 978-2-3225-5555-0
Dépôt légal : août 2024

CE QU'UN CHRÉTIEN PEUT FAIRE
ET
CE QU'IL NE PEUT PAS FAIRE

Il y a dix-huit cents ans, Jésus-Christ révéla aux hommes une nouvelle loi. Par sa doctrine, sa vie et sa mort, il leur a montré ce que doit et ce que ne doit pas faire celui qui veut être son disciple.

Non seulement il ne faut pas tuer, mais il ne faut pas se mettre en colère contre son frère. Il ne faut mépriser aucun homme :

Vous avez entendu qu'il a été dit aux anciens : Tu ne tueras point ; et celui qui tuera sera punissable par le jugement. »

Mais moi je vous dis que quiconque se met en colère contre son frère sans cause, sera puni par le jugement, et celui qui dira à son frère : Raca, sera puni par le conseil ; et celui qui lui dira : Fou, sera puni par la gehenne du feu. (Matth., v, 21, 22.)

Il ne faut pas se séparer de sa femme ni convoiter d'autre femme :

Vous avez entendu qu'il a été dit aux anciens : Tu ne commettras point adultère.

Mais moi je vous dis que quiconque regarde une femme pour la convoiter, il a déjà commis l'adultère avec elle dans son cœur.

Que si ton œil droit te fait tomber dans le péché, arrache-le et jette-le loin de toi ; car il vaut mieux pour toi qu'un de tes membres périsse que si tout ton corps était jeté dans la gehenne.

Et si ta main droite te fait tomber dans le péché, coupe-la et jette-la loin de toi ; car il vaut mieux pour toi qu'un de tes membres périsse que si tout ton corps était jeté dans la gehenne.

Il a été dit aussi : Si quelqu'un répudie sa femme, qu'il lui donne la lettre de divorce.

Mais moi je vous dis que quiconque répudiera sa femme, si ce n'est pour cause d'adultère, il l'expose à devenir adultère ; et que quiconque se mariera à la femme qui aura été répudiée, commet un adultère. (Matth., v, 27-32.)

Il ne faut pas jurer :

Vous avez encore entendu qu'il a été dit aux anciens : Tu ne te parjureras point, mais tu t'acquitteras envers le Seigneur de ce que tu auras promis avec serment.

Mais moi je vous dis : Ne jurez point du tout : ni par le ciel car c'est la terre de Dieu ;

Ni par la terre car c'est son marchepied ; ni par Jérusalem, car c'est la ville du grand Roi.

Ne jure pas non plus par ta tête ; car tu ne peux faire devenir un seul cheveu blanc ou noir.

Mais que votre parole soit : Oui, oui ; non, non ; ce qu'on dit de plus vient du malin. (Matth., v, 33-37.)

Il ne faut pas résister au mal, mais il faut donner ce que l'on veut te prendre :

Vous avez entendu qu'il a été dit : Œil pour œil, et dent pour dent.

Mais moi je vous dis de ne pas résister à celui qui vous fait du mal ; mais si quelqu'un te frappe à la joue droite, présente-lui aussi l'autre ;

Et si quelqu'un veut plaider contre toi, et t'ôter ta robe, laisse-lui encore l'habit ;

Et si quelqu'un te veut contraindre d'aller une lieue avec lui, vas-en deux.

Donne à celui qui te demande, et ne te détourne point de celui qui veut emprunter de toi. (Matth.,v, 38-42.)

Il ne faut pas haïr ses ennemis, leur faire du mal ; il faut les aimer et leur faire du bien :

Vous avez entendu qu'il a été dit : Tu aimeras ton prochain et tu haïras ton ennemi.

Mais moi je vous dis : Aimez vos ennemis, bénissez ceux qui vous maudissent ; faites du bien à ceux qui vous haïssent, et priez pour ceux qui vous outragent et qui vous persécutent ;

Afin que vous soyez enfants de votre Père qui est dans les cieux ; car il fait lever son soleil sur les méchants et sur les bons, et il fait pleuvoir sur les justes et les injustes.

Car si vous n'aimez que ceux qui vous aiment quelle récompense en aurez-vous ? Les péagers mêmes n'en font-ils pas autant ?

Et si vous ne faites accueil qu'à vos frères, que faites-vous d'extraordinaire ? Les péagers mêmes n'en font-ils pas autant ?

Soyez donc parfaits, comme notre Père qui est dans les cieux est parfait. (Matth., v, 43-48.)

Il ne faut pas amasser de trésors sur la terre, mais il faut amasser les trésors dans le ciel :

Mais amassez-vous des trésors dans le ciel, où les vers ni la rouille ne gâtent rien, et où les larrons ne percent ni ne dérobent point. (Matth., vi, 20.)

Il ne faut pas refuser à celui qui demande ; mais il faut donner son bien à celui qui n'a pas.

Donne à tout homme qui te demande, et si quelqu'un t'ôte ce qui est à toi, ne le redemande pas (Luc., vi, 30.)

Il ne faut pas donner l'aumône, prier, jeûner, devant tout le monde ; il faut le faire en secret :

Et quand tu prieras ne sois pas comme les hypocrites ; car ils aiment à prier en se tenant debout dans les synagogues et aux coins des rues, afin d'être vus des hommes. Je vous dis, en vérité, qu'ils reçoivent leur récompense.

Mais toi, quand tu pries entre dans ton cabinet, et ayant fermé ta porte, prie ton Père qui est dans ce lieu secret ; et ton Père qui te voit dans le secret te le rendra publiquement.

Or, quand vous priez, n'usez pas de vaines redites, comme les païens ; car ils croient qu'ils seront exaucés en parlant beaucoup.

Ne leur ressemblez donc pas, car votre Père sait de quoi vous avez besoin, avant que vous le lui demandiez. (Matth., VI, 5-8.)

Il ne faut appeler personne sur la terre ni Maître ni Père, mais Christ seul :

Mais vous, ne vous faites point appeler : Maître, car vous n'avez qu'un Maître, qui est le Christ ; et, pour vous, vous êtes tous frères.

Et n'appelez personne sur la terre votre père ; car vous n'avez qu'un seul Père, savoir, celui qui est dans les cieux.

Et ne vous faites point appeler docteurs ; car vous n'avez qu'un seul docteur, qui est le Christ. (Matth., XXIII, 8-40.)

Il ne faut pas s'élever au-dessus des autres et considérer que le plus grand est celui qui est le plus riche et le plus fort ; mais il faut tenir pour grand celui qui est le serviteur :

Mais il leur dit : Les rois des nations les maîtrisent, et ceux qui usent d'autorité sur elles sont nommés bienfaiteurs.

Il n'en doit pas être de même entre vous ; mais que celui qui est le plus grand parmi vous soit comme le moindre, et celui qui gouverne comme celui qui sert. (Luc, XXII, 25-26.)

Mais que le plus grand d'entre vous soit votre serviteur. Car quiconque s'élèvera sera abaissé, et quiconque s'abaissera sera élevé. (Matth., XXIII, 11-12.)

Il ne faut pas avoir peur de ceux qui ont le pouvoir de tuer le corps ; mais il faut craindre celui qui peut perdre l'âme :

Et ne craignez point ceux qui ôtent la vie du corps, et qui ne peuvent faire mourir l'âme ; mais craignez plutôt celui qui peut perdre l'âme et le corps dans la gehenne. (Matth., X, 28.)

En tout il faut agir envers les hommes comme nous voulons qu'on agisse envers nous :

Toutes les choses que vous voulez que les hommes vous fassent, faites-les leur aussi de même ; car c'est là la loi et les prophètes. (Matth., VII, 12.)

D'après la doctrine du Christ, les enfants du Père sont libres car ils savent la vérité ; et la vérité les délivrera :

Et vous connaîtrez la vérité et la vérité vous affranchira. (Jean, VIII, 32.)

Jésus lui répondit : Les enfants en sont donc exempts. (Matth., XVII, 26.)

La doctrine du Christ fut jadis, comme elle l'est maintenant, contraire à la doctrine du monde.

D'apres celle-ci les gouvernants dirigent les peuples, et, pour cela, ils forcent les uns à tuer, à exécuter, à punir les autres. Ils les obligent à jurer qu'en toutes choses ils exécuteront la volonté des chefs. Or, selon la doctrine du Christ, non seulement l'homme ne peut pas tuer ni exercer une violence quelconque, il ne peut même pas s'opposer par la force à la violence. Il ne peut pas faire de mal à son prochain, même à ses ennemis.

La doctrine du monde fut, est, et sera toujours contraire à la doctrine du Christ. Christ savait cela, il le disait à ses disciples ; il leur prédisait qu'ils auraient à souffrir comme lui-même, qu'ils seraient livrés au martyre et à la mort ; que le monde les haïrait comme il le haïssait, parce qu'ils ne sont pas les serviteurs du monde mais les serviteurs du Père.

Nous montons à Jérusalem, et le Fils de l'homme sera livré aux principaux sacrificateurs, et aux scribes, et ils le condamneront à la mort.

Alors ils vous livreront pour être tourmentés, et ils vous feront mourir ; et vous serez haïs de toutes les nations à cause de mon nom. (Matth., xx, 18 ; xxiv, 9.)

Si vous étiez du monde, le monde aimerait ce qui serait à lui ; mais parce que vous n'êtes pas du monde mais que je vous ai choisis dans le monde, c'est pour cela que le monde vous haït.

Souvenez-vous de la parole que je vous ai dite, que le serviteur n'est pas plus grand que son maître. S'ils m'ont persécuté, ils vous persécuteront aussi ; s'ils ont observé ma parole, ils observeront aussi la vôtre. (Jean, xv, 19-20.)

Tout s'est réalisé comme le prédisait Jésus. Le monde le haïssait et cherchait à le perdre. Les pharisiens, les sadducéens, les scribes, les hérodiens lui reprochaient d'être l'ennemi de César, de défendre le paiement des impôts, de troubler, de dépraver le peuple, d'être un malfaiteur, de se proclamer roi, et ainsi d'être l'ennemi de César.

Depuis ce moment, Pilate cherchait à le délivrer, mais les Juifs criaient : Si tu délivres cet homme tu n'es pas ami de César, car quiconque se fait roi se déclare contre César. (Jean, xix, 12.)

C'est pourquoi, l'observant de près, ils envoyèrent des gens apostés, qui contrefaisaient les gens de bien pour le surprendre dans ses paroles, afin de le livrer au magistrat et au pouvoir du gouverneur.

Ces gens lui firent donc cette question : Maître ! nous savons que tu parles et que tu enseignes avec droiture, et que, sans acception de personnes, tu enseignes la voie de Dieu selon la vérité.

Nous est-il permis de payer le tribut à César ou non ? Mais Jésus, voyant leur artifice, leur dit : Pourquoi voulez-vous me surprendre ?

Montrez-moi un denier. De qui a-t-il l'image et l'inscription ? Ils répondirent : De César.

Et il leur dit : Rendez donc à César ce qui appartient à César, et à Dieu ce qui appartient à Dieu. (Luc., xx, 20-25.)

Alors ils furent étonnés de sa réponse et se turent. Ils attendaient de lui qu'il dise ou bien que c'est permis et qu'il faut payer le tribut à César, ce qui détruisait toute sa doctrine : à savoir que les hommes sont libres, qu'ils doivent vivre comme les oiseaux du ciel, sans se soucier du lendemain, etc., ou bien qu'il ne faut pas payer le tribut à César, se montrant par là l'ennemi de César. Mais Christ répond : Ce qui est à César est à César ; ce qui est à Dieu est à Dieu. Il leur dit plus qu'ils n'attendaient de lui. Il a séparé en deux parties tout ce que possède l'homme : la partie humaine et la partie divine, et il a dit qu'on peut et doit donner à l'homme la partie humaine, mais que la partie divine on ne peut pas la donner à l'homme, on ne peut la donner qu'à Dieu. Par ces paroles il leur dit que si l'homme croit en la loi de Dieu, il n'exécutera la loi de César qu'autant qu'elle ne sera pas contraire à la loi divine. Pour les pharisiens qui ne connaissaient pas la vérité, il y avait cependant la loi de Dieu, qu'ils n'eussent pas enfreinte, même si la loi de César l'eût ordonné. Ils ne se seraient pas dispensés de la circoncision, de l'observance du sabbat, des jeûnes et de plusieurs autres prescriptions. Si César eût exigé d'eux de travailler le samedi, ils eussent dit : Pour César tous les jours, sauf le jour du Sabbat. La même chose s'il se fût agi de la circoncision ou d'autres prescriptions.

Par sa réponse Christ leur montrait que la loi de Dieu est au-dessus de la loi de César et que l'homme ne peut donner à César que ce qui n'est pas contraire à la loi de Dieu.

Pour Christ et ses disciples qu'est-ce donc qui appartient à César, et qu'est-ce qui appartient à Dieu ?

L'horreur saisit quand on pense à la réponse que font à cette question les chrétiens de notre temps. Selon les raisonnements de nos chrétiens, l'œuvre divine n'empêche jamais celle de César, et celle de César est toujours d'accord avec celle de Dieu. Toute la vie est consacrée à servir César, et on ne donne à Dieu que ce que dédaigne César.

Christ pensait autrement. Pour lui toute la vie appartenait à Dieu et on ne pouvait donner à César que ce qui n'appartenait pas à Dieu. Ce qui est à César est à César ; ce qui est à Dieu est à Dieu. Qu'est-ce donc qui appartient à César ? L'argent, les choses de la chair, rends tout cela à qui veut le prendre, mais ta vie, que tu as reçue de Dieu, ta vie est toute à Dieu. On ne peut la donner à personne sauf à Dieu, parce que la vie de l'homme, selon sa doctrine, c'est de servir Dieu :

Alors Jésus lui dit : Retire-toi, Satan ! car il est écrit : Tu adoreras le Seigneur ton Dieu, et tu le serviras lui seul. (Matth., IV, 10.)

Et on ne peut pas servir deux maîtres :

Nul ne peut servir deux maîtres ; car ou il haïra l'un, et aimera l'autre ; ou il s'attachera à l'un et méprisera l'autre ; vous ne pouvez servir Dieu et Mammon. (Matth., VI, 24.)

Tout ce qui est de la chair, l'homme peut le donner à qui il veut, par conséquent à César ; mais il ne peut servir que Dieu. Si les hommes croyaient en la doctrine du Christ, en la doctrine de l'amour, ils ne pourraient pas agir de telle façon que toutes lois divines révélées par Christ ne paraissent données que pour accomplir la loi de César.

1886.